infinity

roberto jonata

NOTE PER L'ESECUZIONE: l'uso dei pedali è a discrezione dell'interprete.
NOTES ON PERFORMANCE: use of the pedals is ad libitum according to the performer's taste.

Infinity è disponibile su CD VELUT LUNA - (VI 2014 CVLD 253) - nell'esecuzione dell'autore.
Infinity *is available on CD VELUT LUNA - (VI 2014 CVLD 253) - performed by the composer.*
www.velutluna.it

Foto di copertina - *Cover photos*: Marco Dal Maso

Copyright 2015 by Roberto Jonata
Tutti i diritti riservati - *All rights reserved*
Stampato in Italia - *Printed in Italy*
Anno 2015 - *Year 2015*

www.robertojonata.it

INDICE - *CONTENTS*

Blu Profondo..1

Sopra Le Nuvole..8

Sunlight..14

Venus..23

Nightfall...29

Il Giardino Segreto...33

Per Sempre...42

Netka...45

Memories..53

Immortal...57

Gaia...68

Rain...74

Blu Profondo

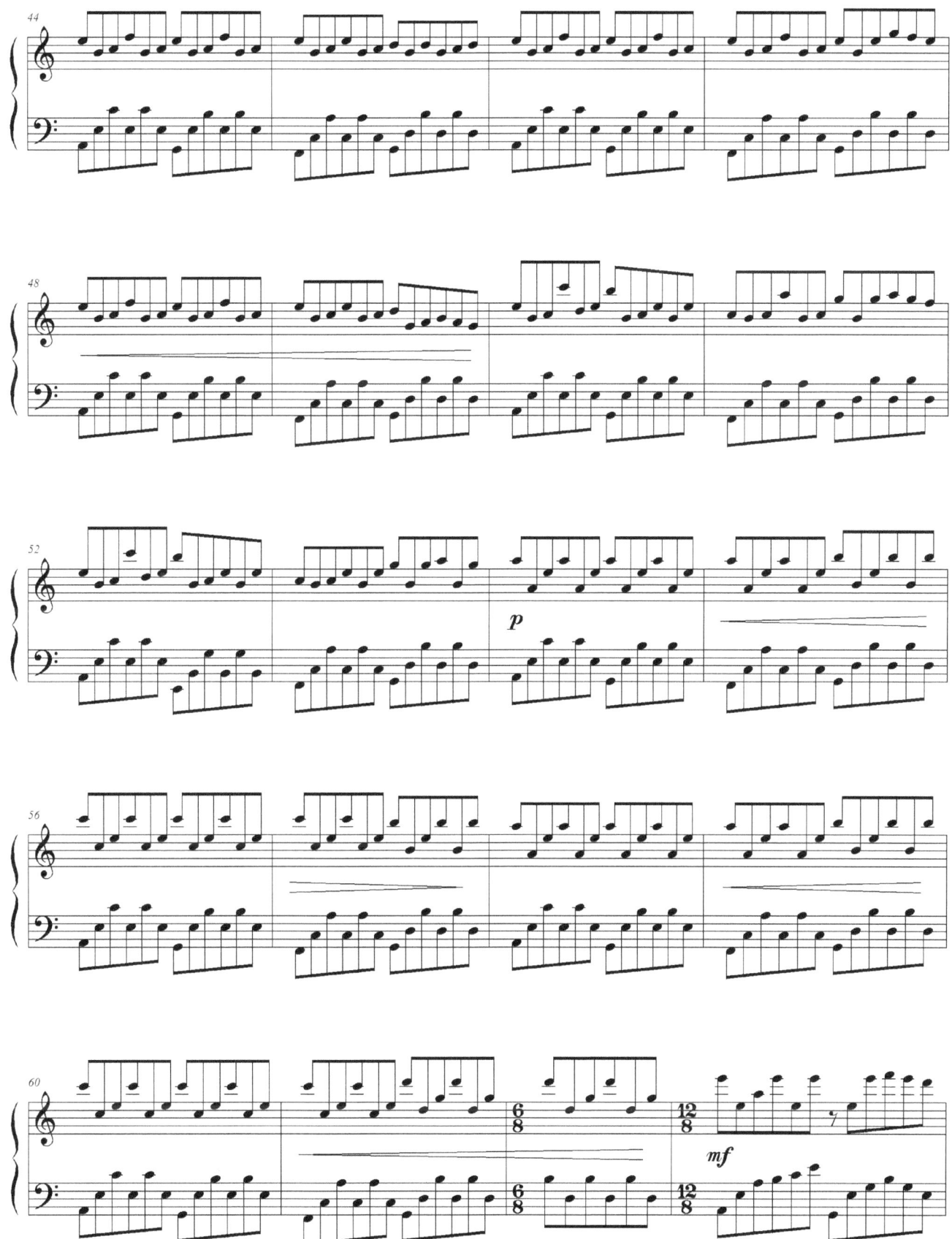

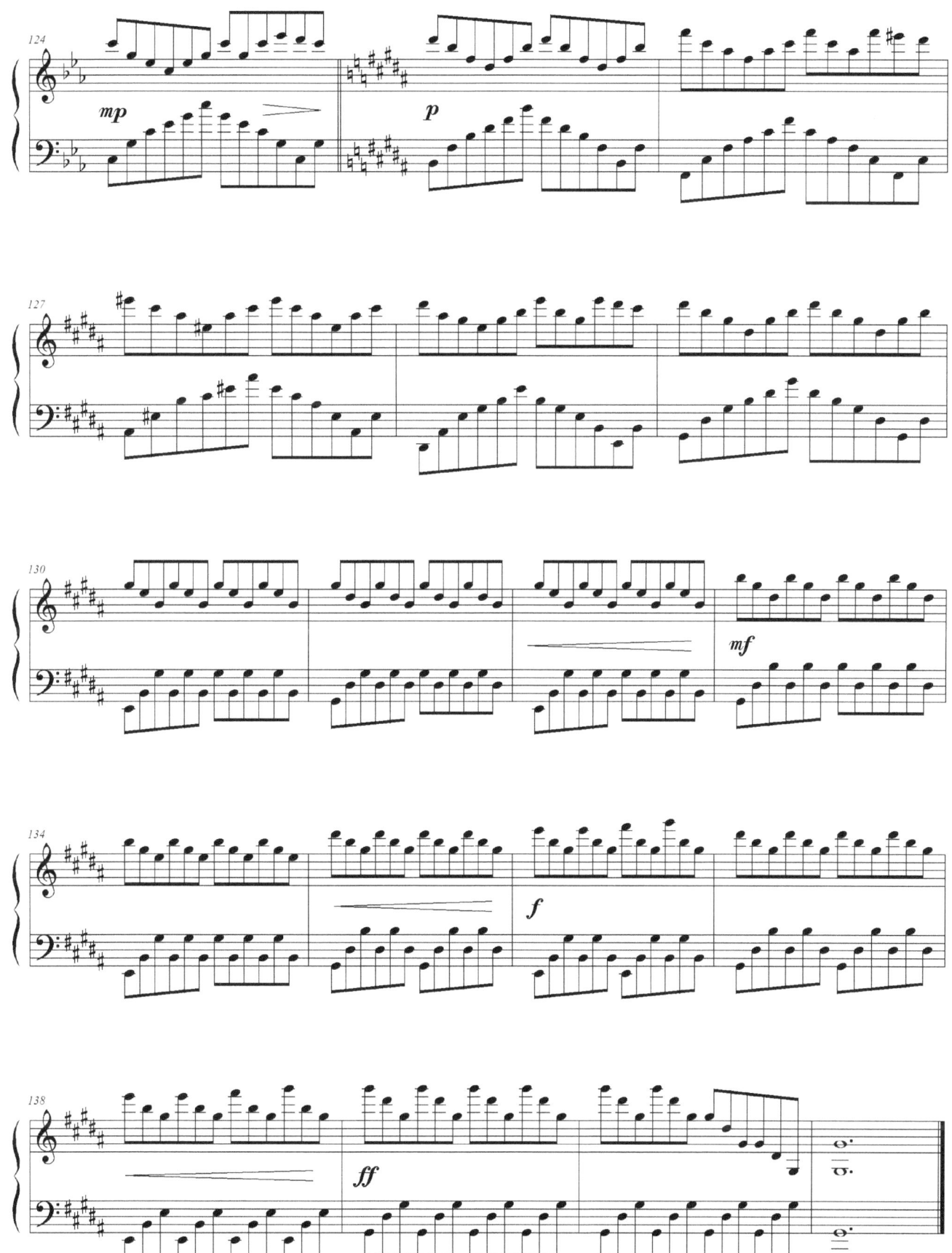

Sopra Le Nuvole

Sunlight

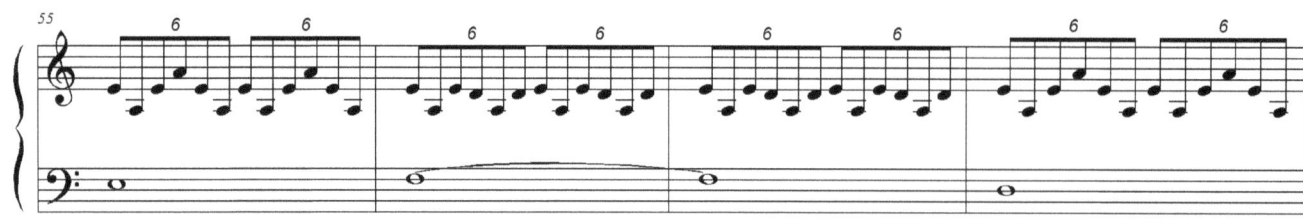
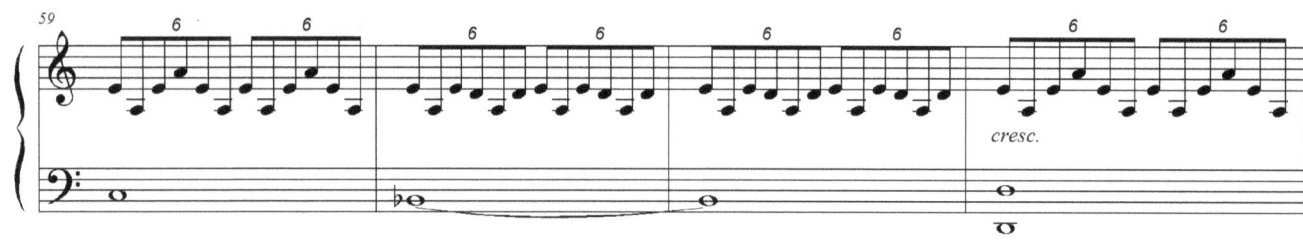
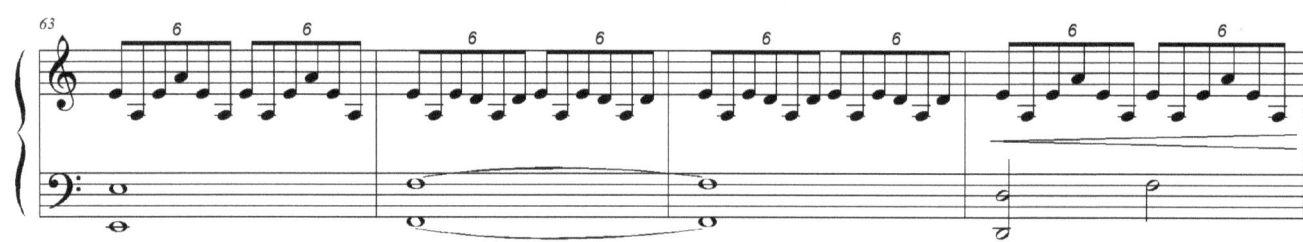

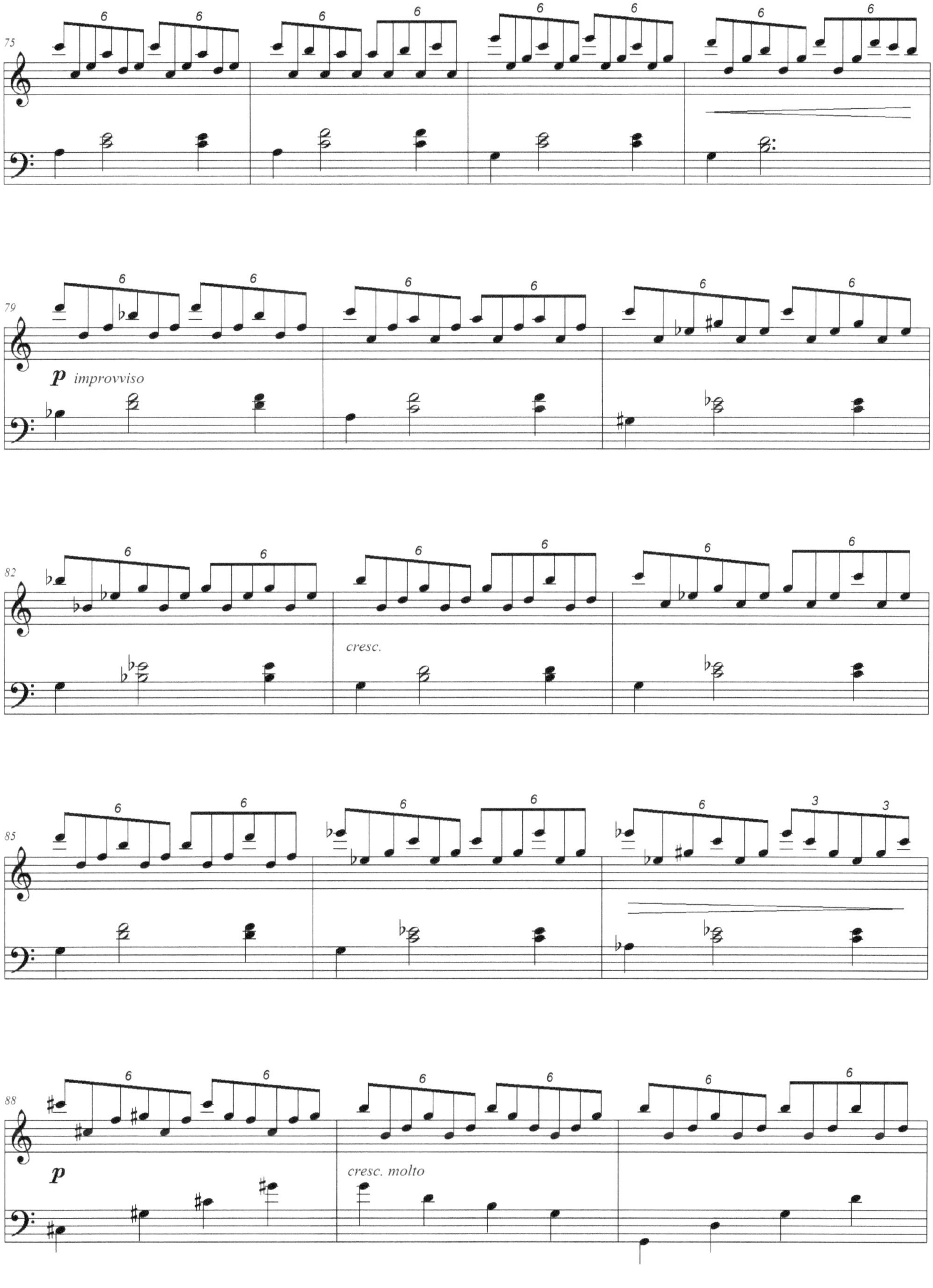
75
79
p improvviso
82
cresc.
85
88
p
cresc. molto

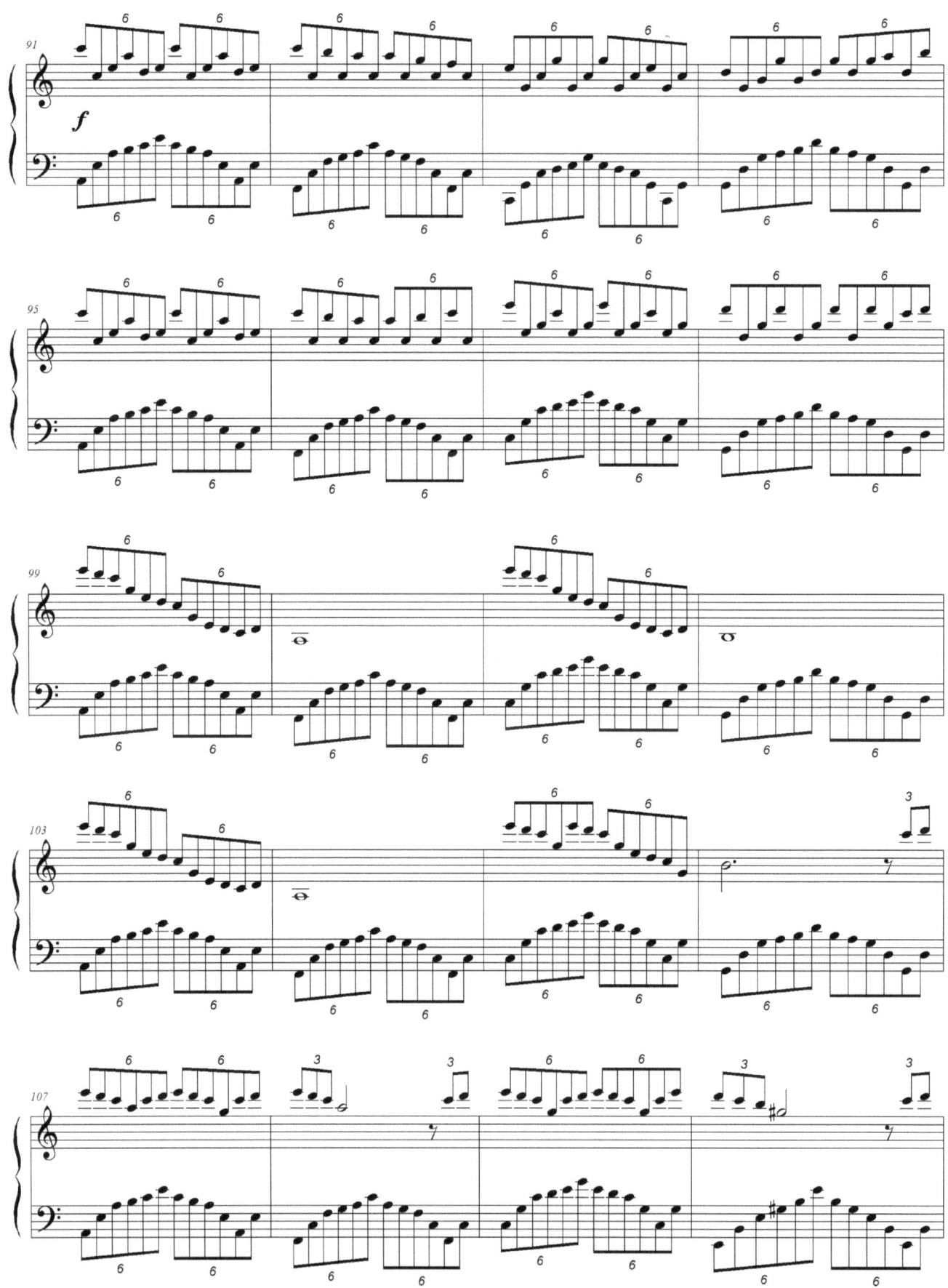

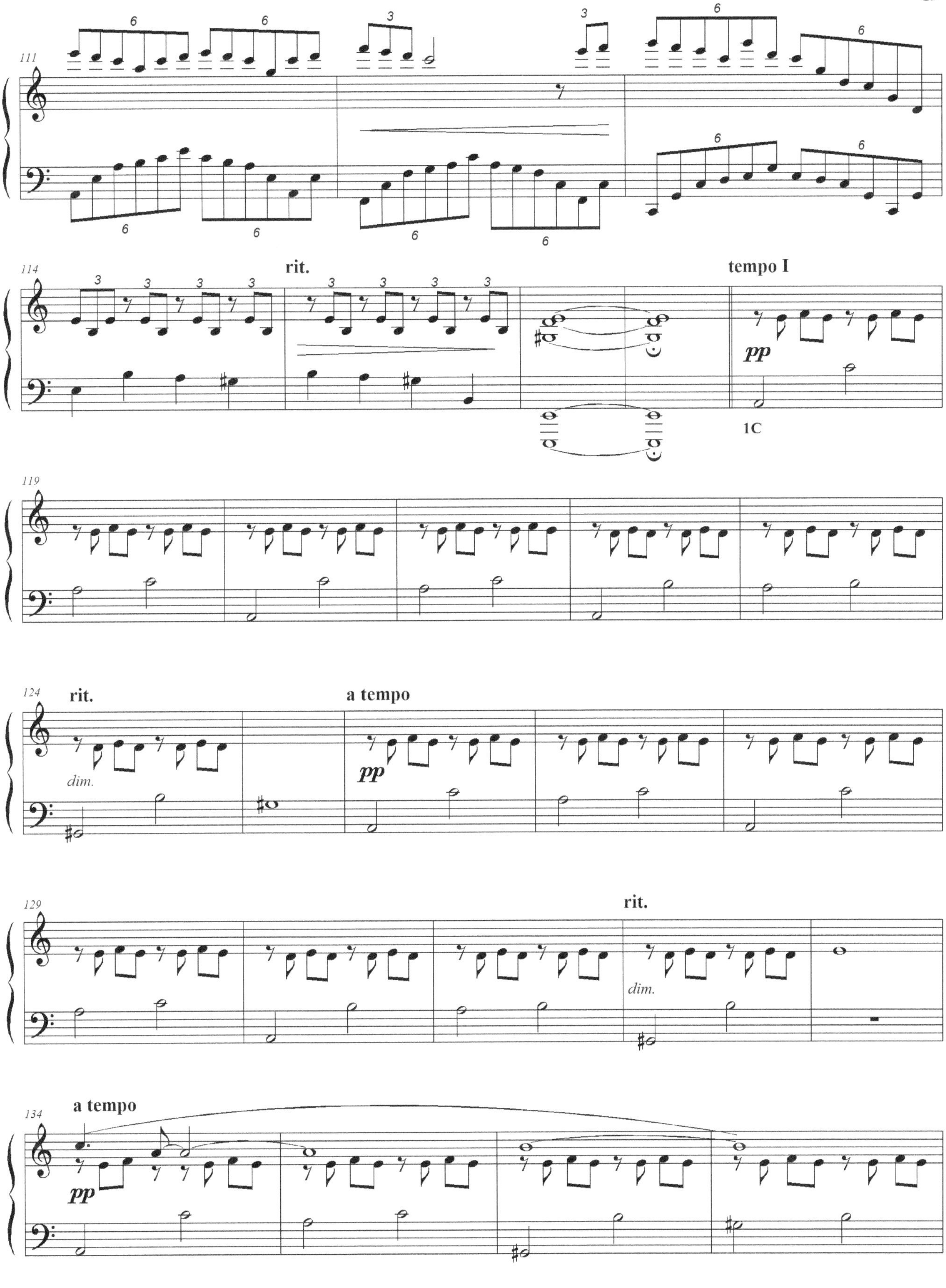
111
6
3
114
rit.
tempo I
pp
1C
119
124
rit.
a tempo
pp
dim.
129
rit.
dim.
134
a tempo
pp

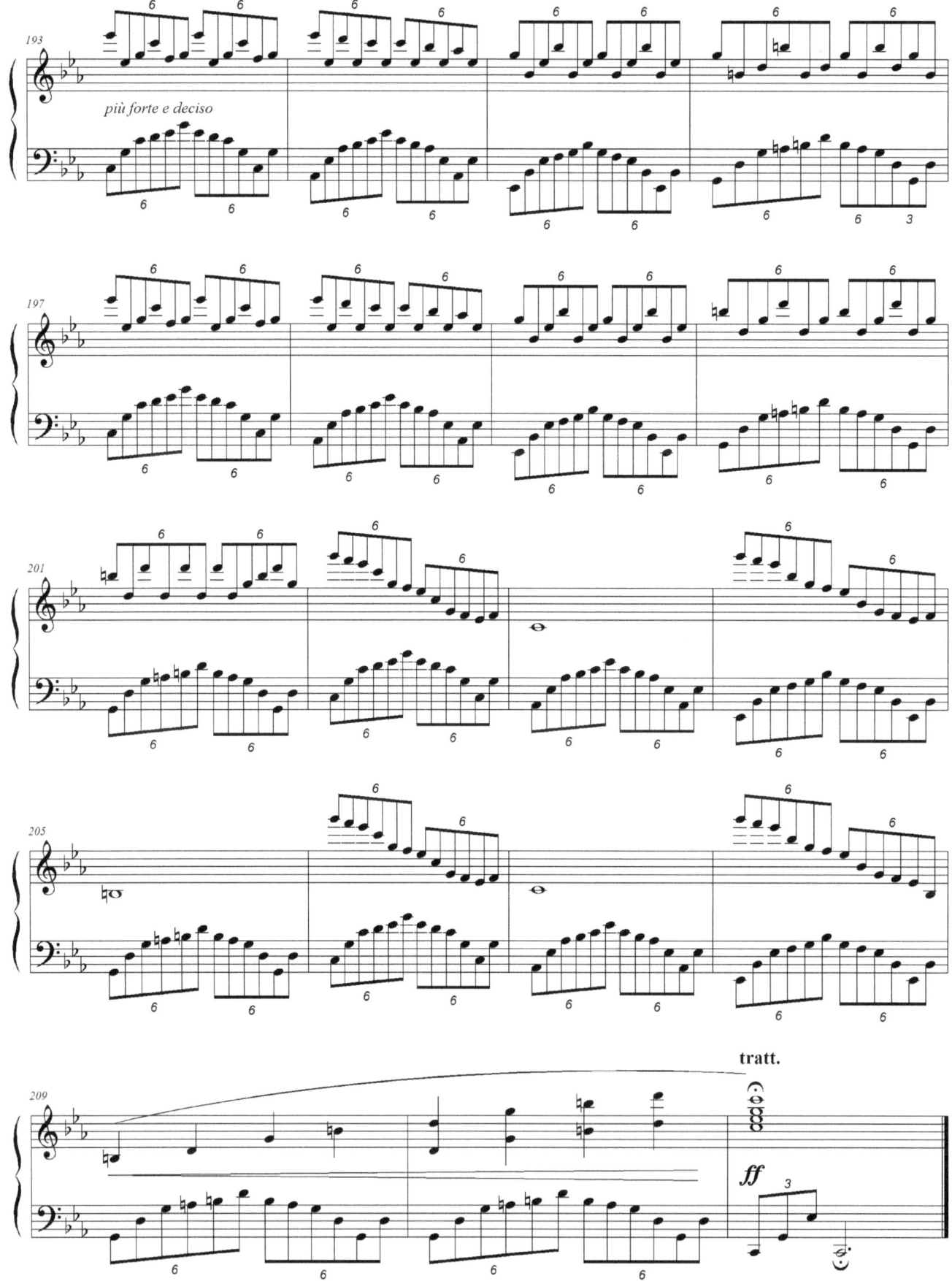

Venus

Nightfall

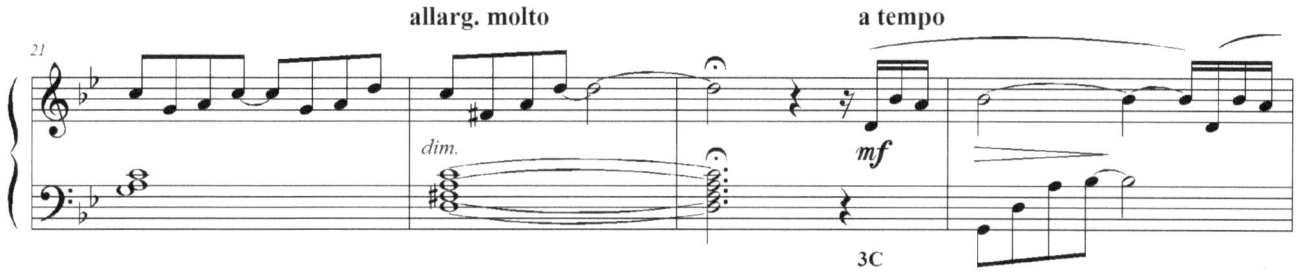

© Copyright 2015 by Roberto Jonata - All rights reserved

Il Giardino Segreto

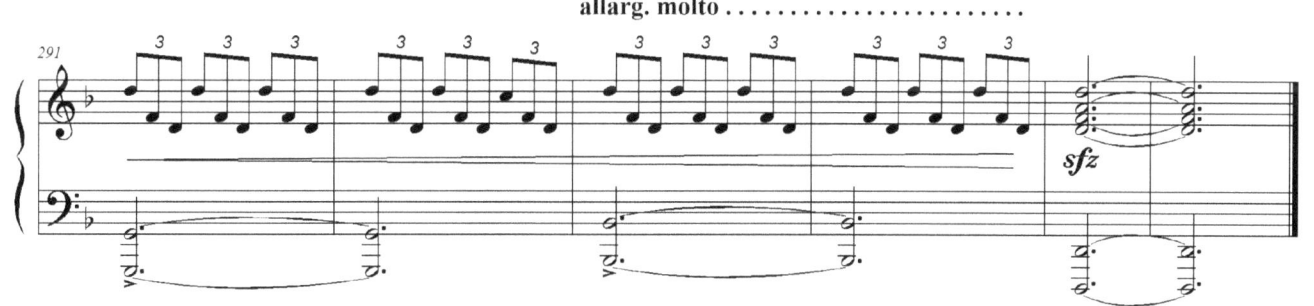

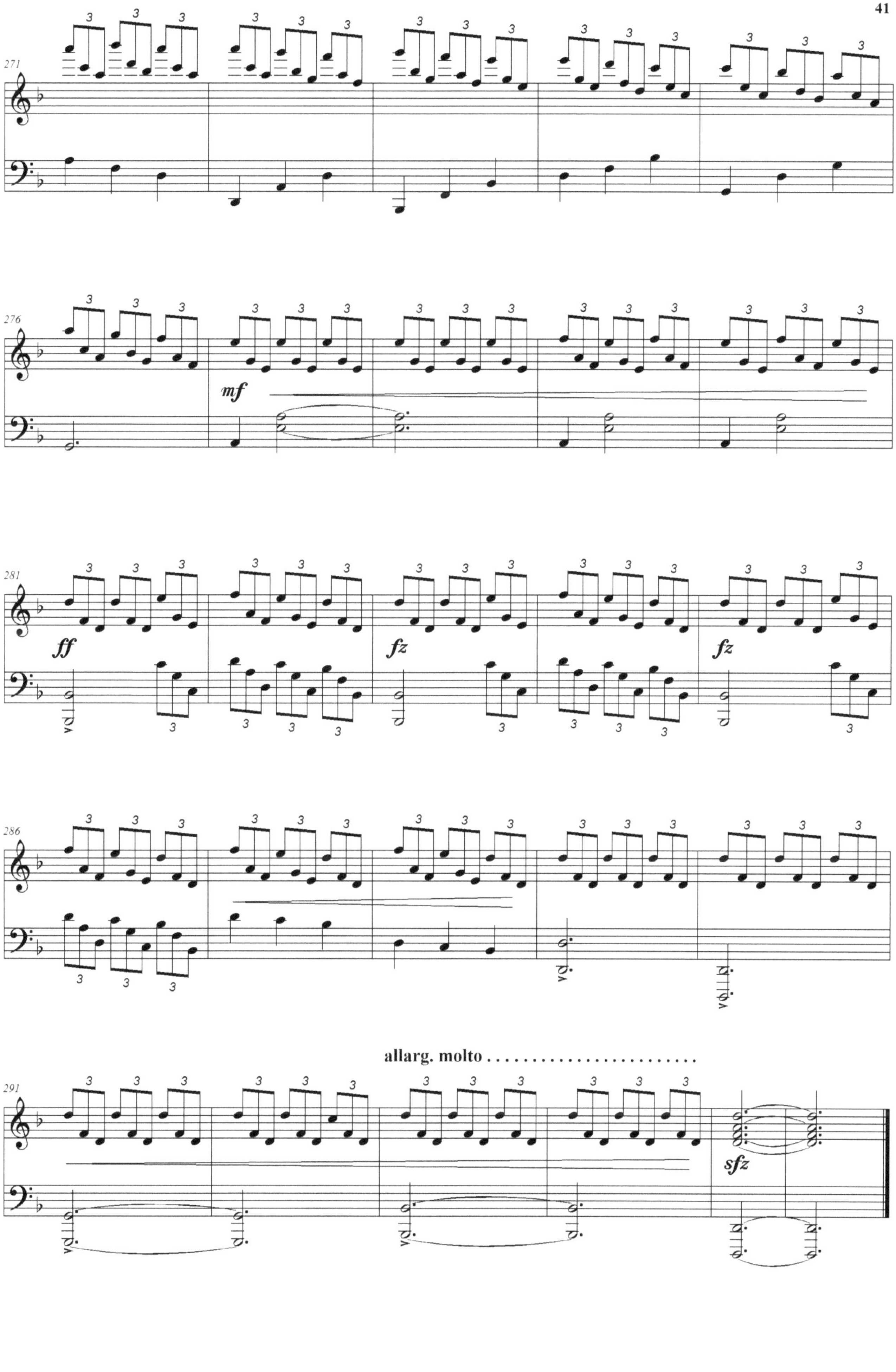
271
276
mf
281
ff
fz
fz
286
allarg. molto . . . .
291
sfz

Per Sempre

Netka

Allegro

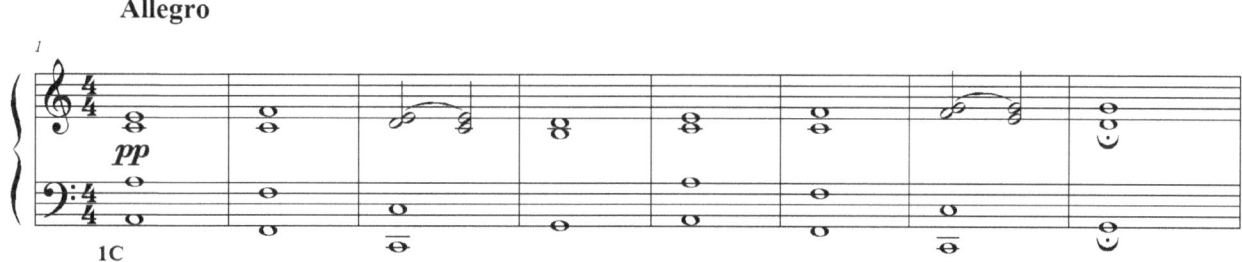

1C

a tempo

3C

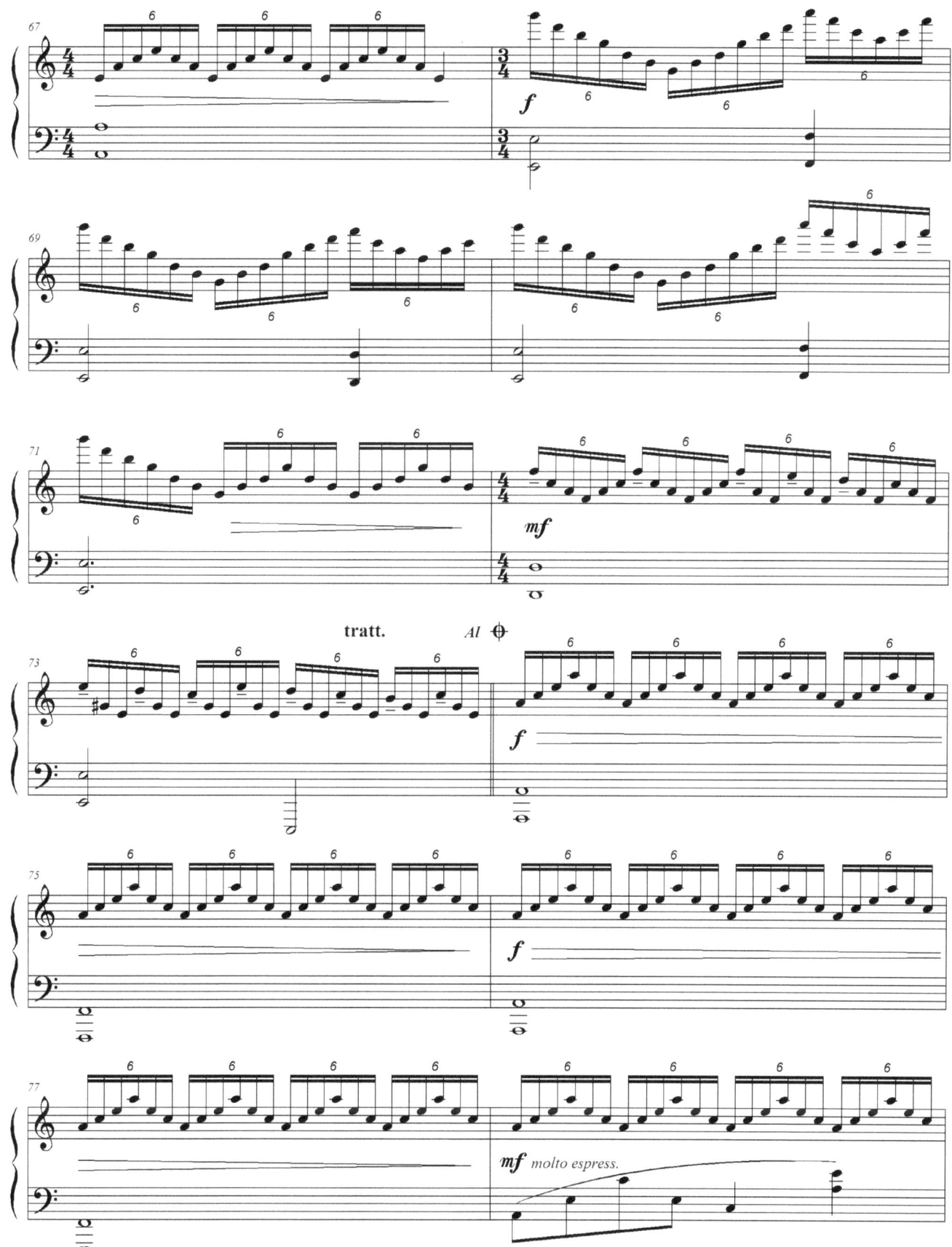

Memories

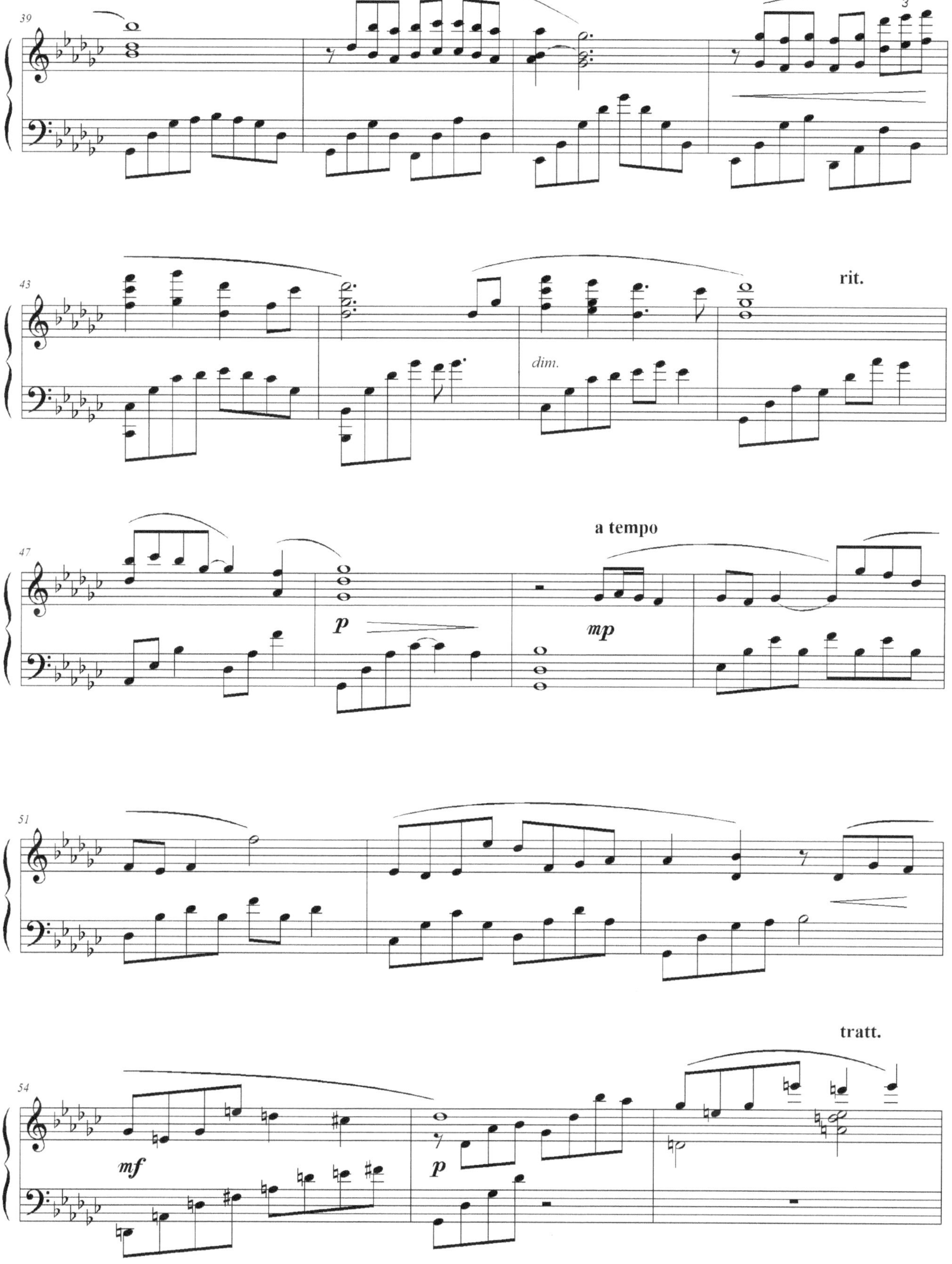
39
3
3
43
rit.
dim.
47
a tempo
p
mp
51
54
tratt.
mf
p

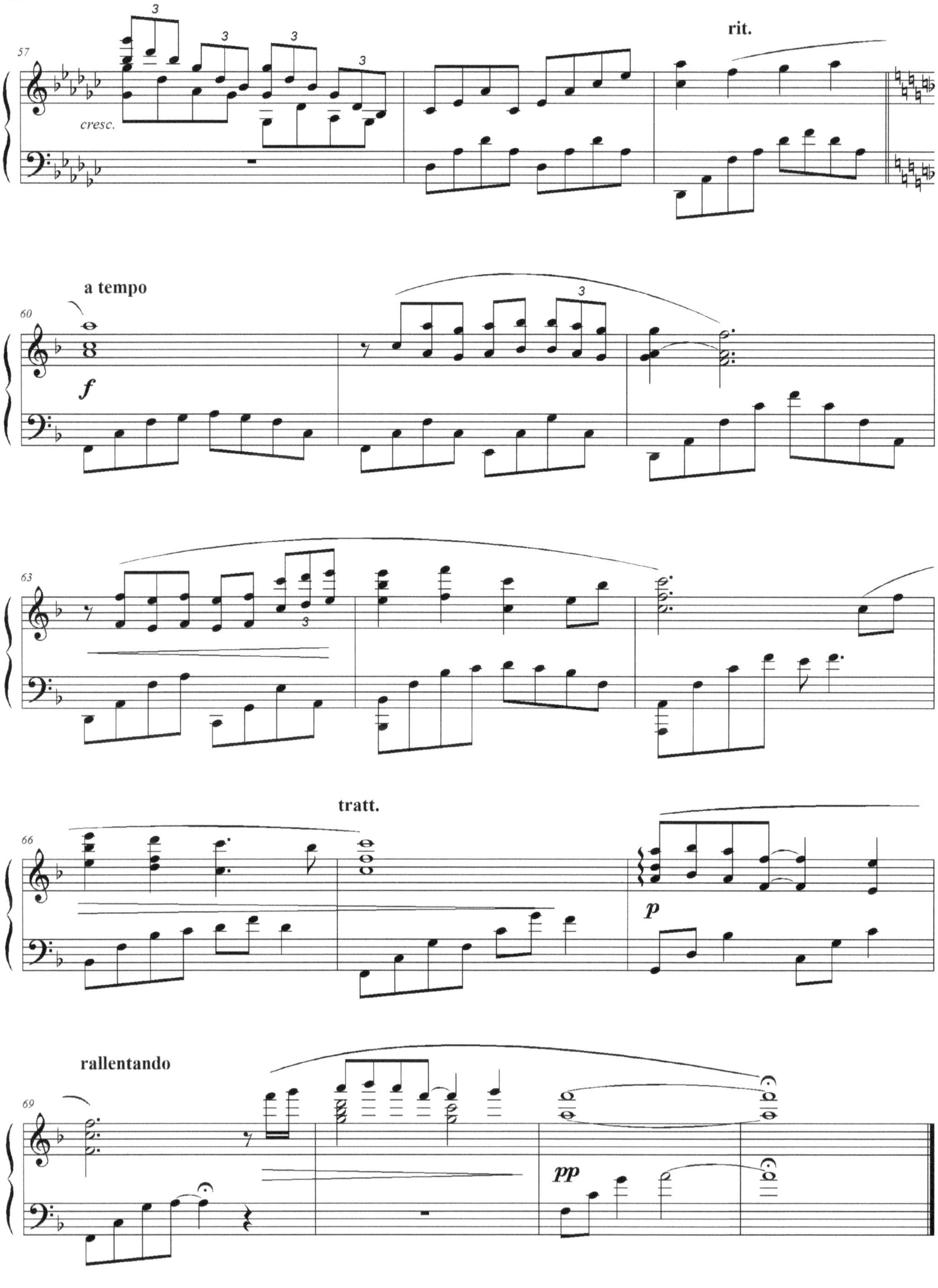
57
cresc.
rit.
a tempo
60
f
63
66
tratt.
p
rallentando
69
pp

Immortal

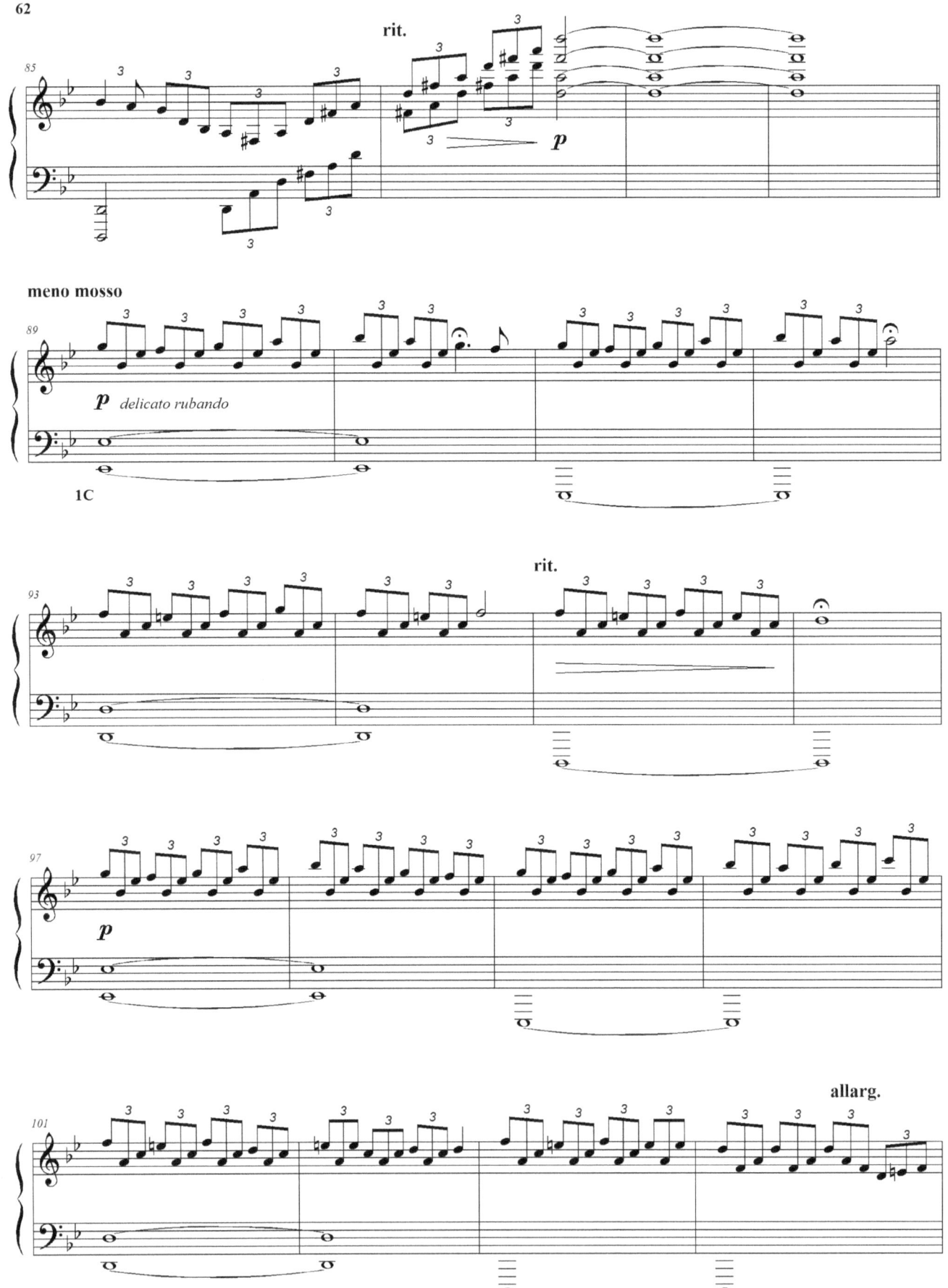

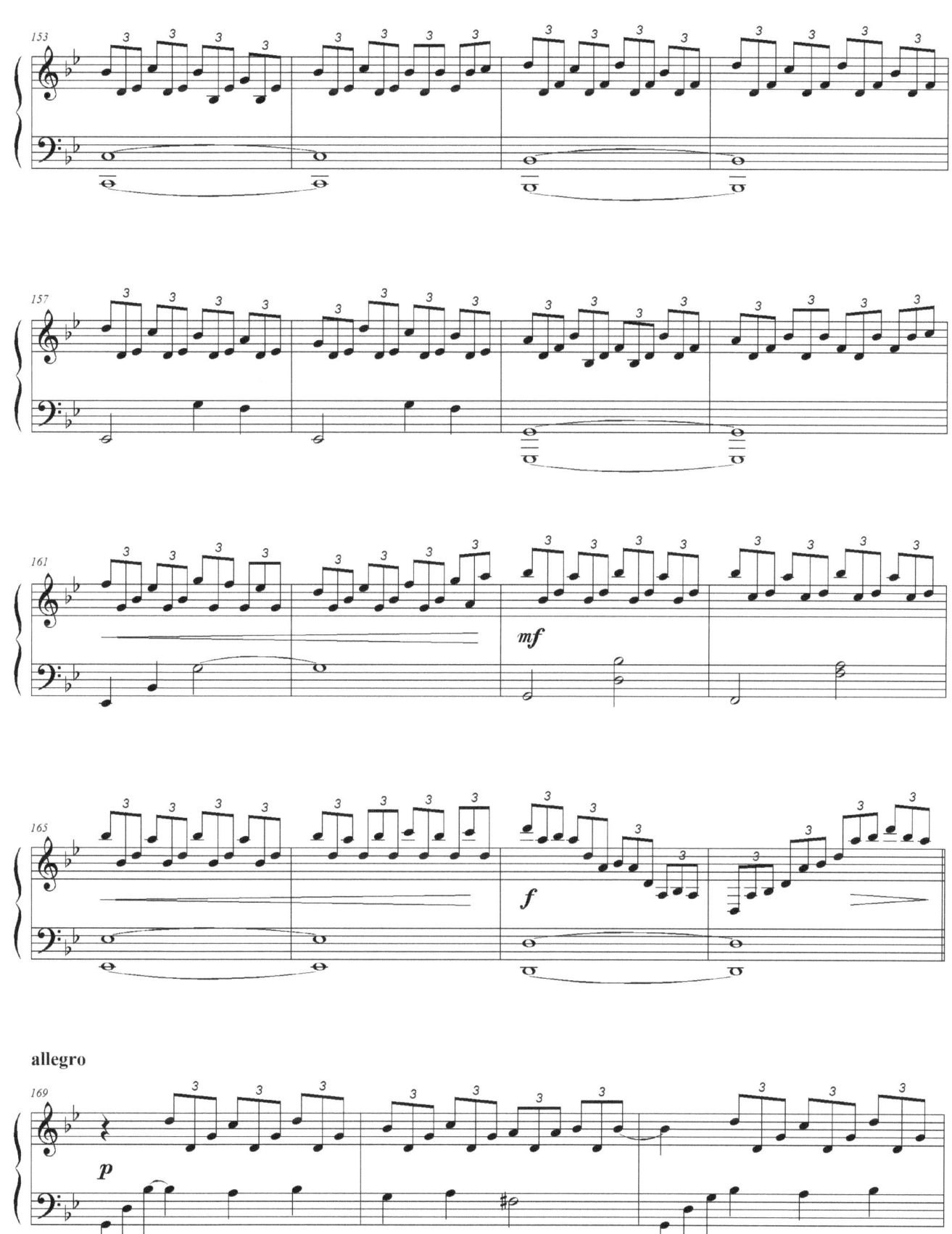

Gaia

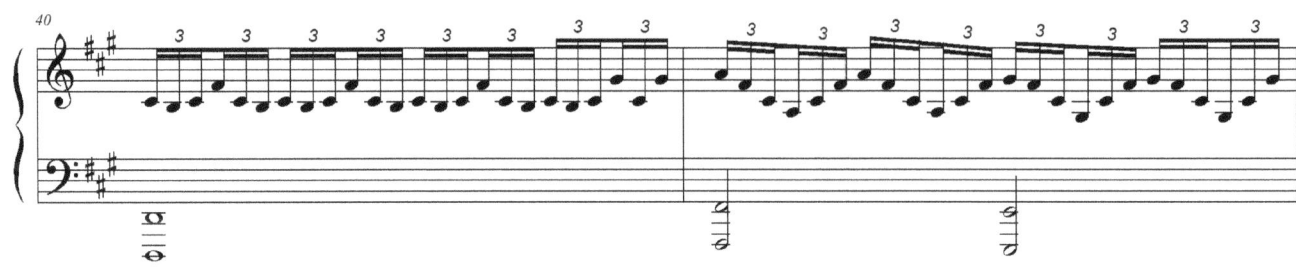

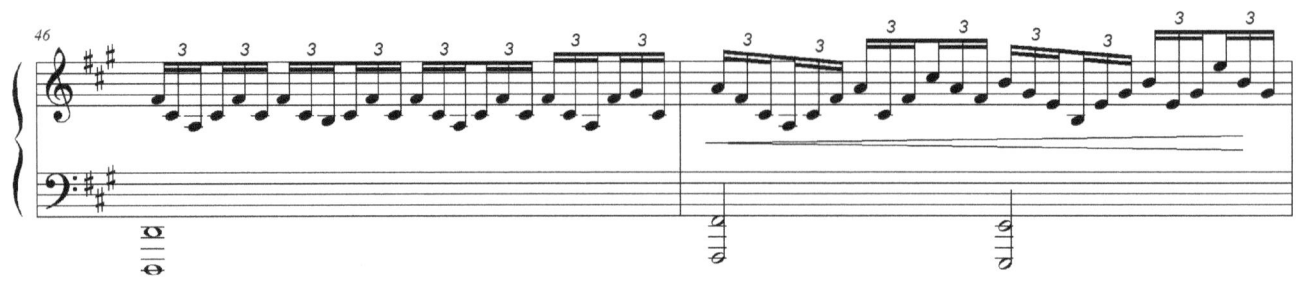

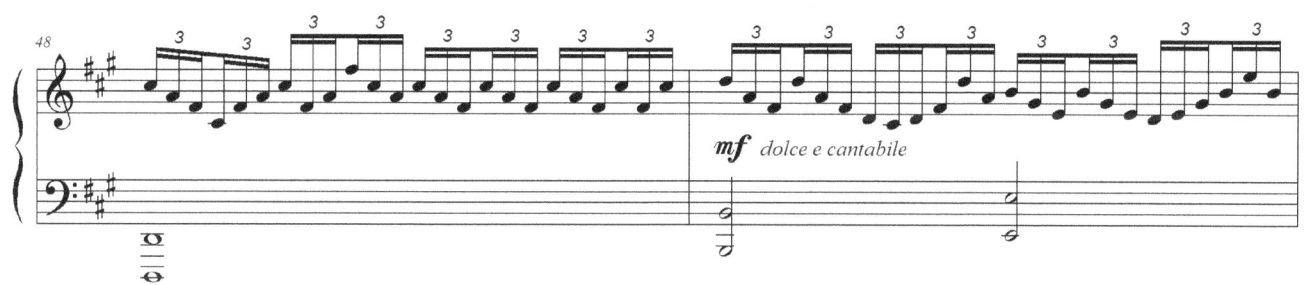

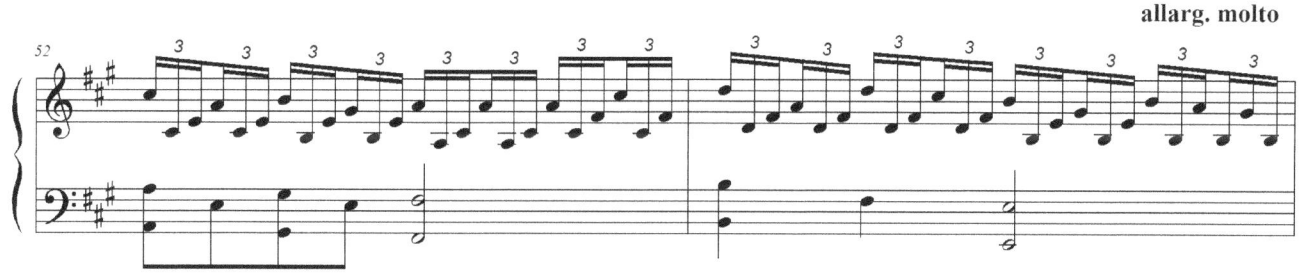

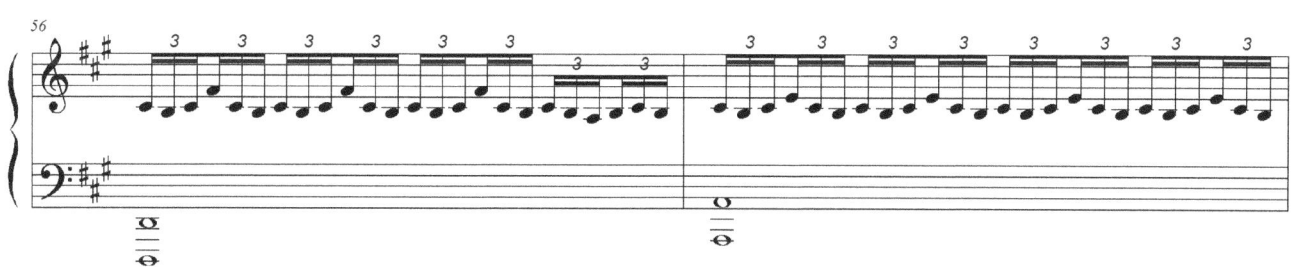

72

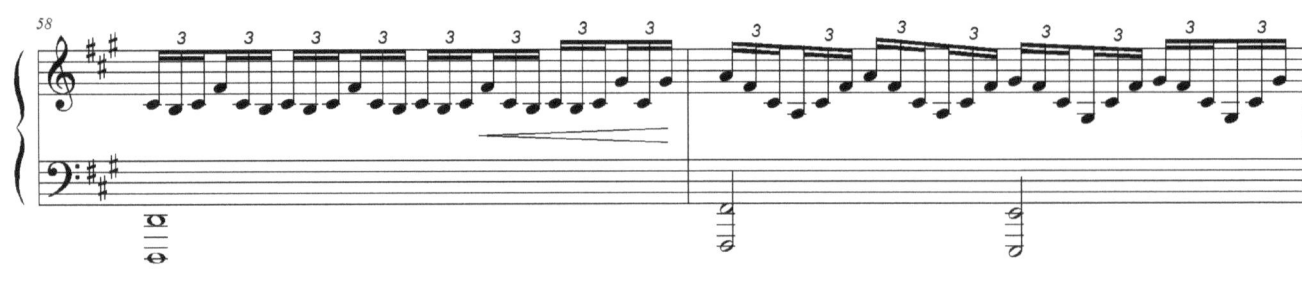

allarg. molto

rallentando

Rain

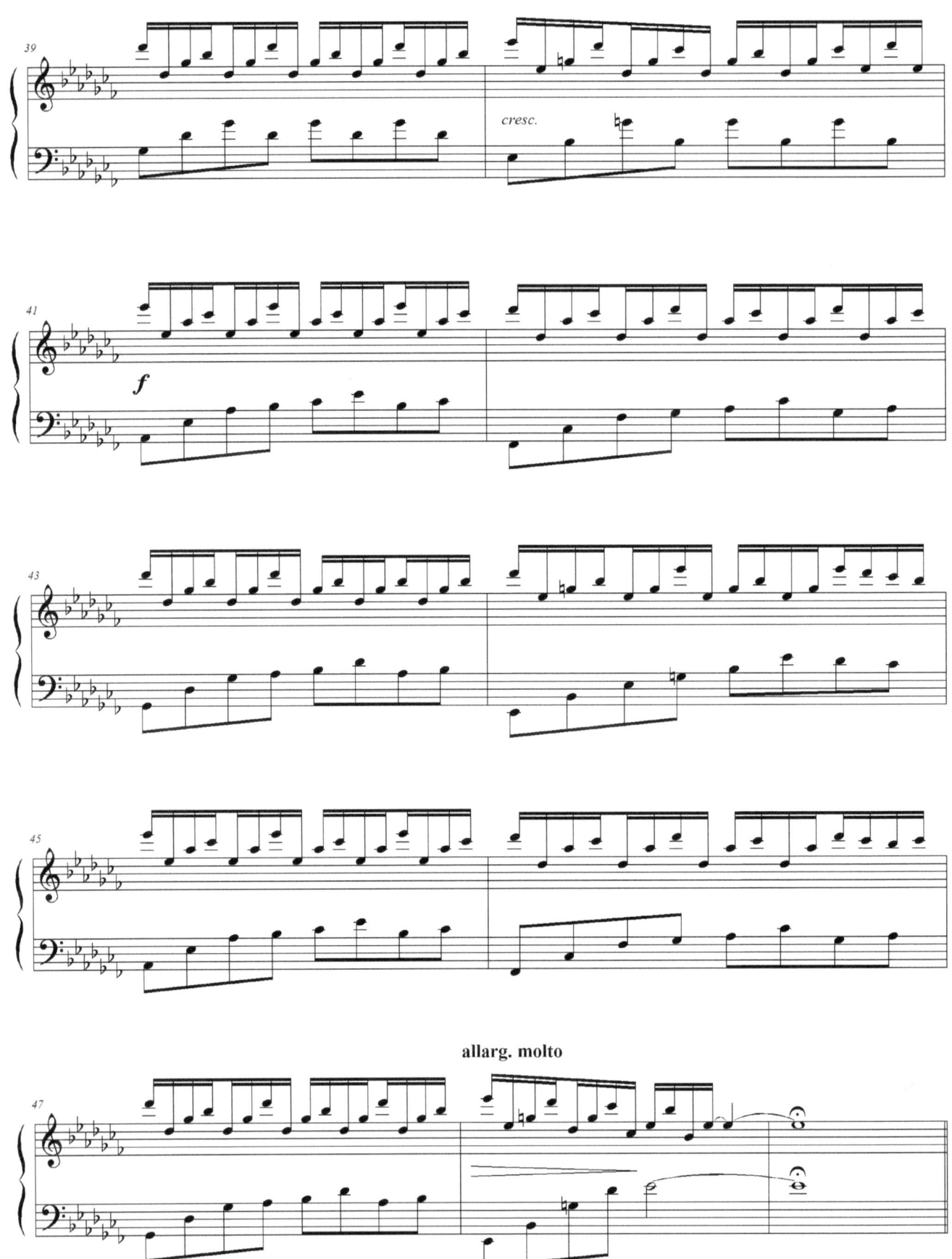

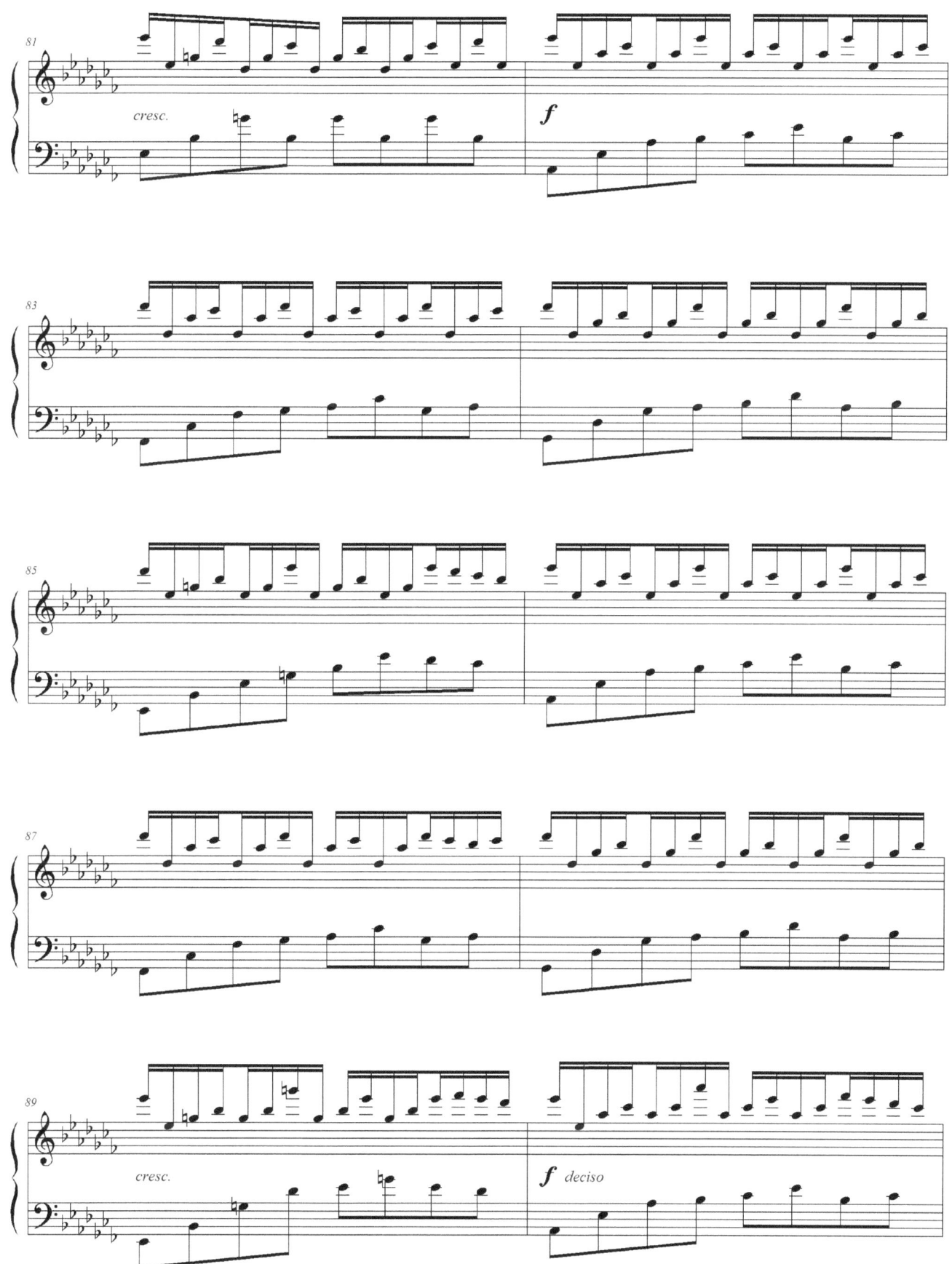

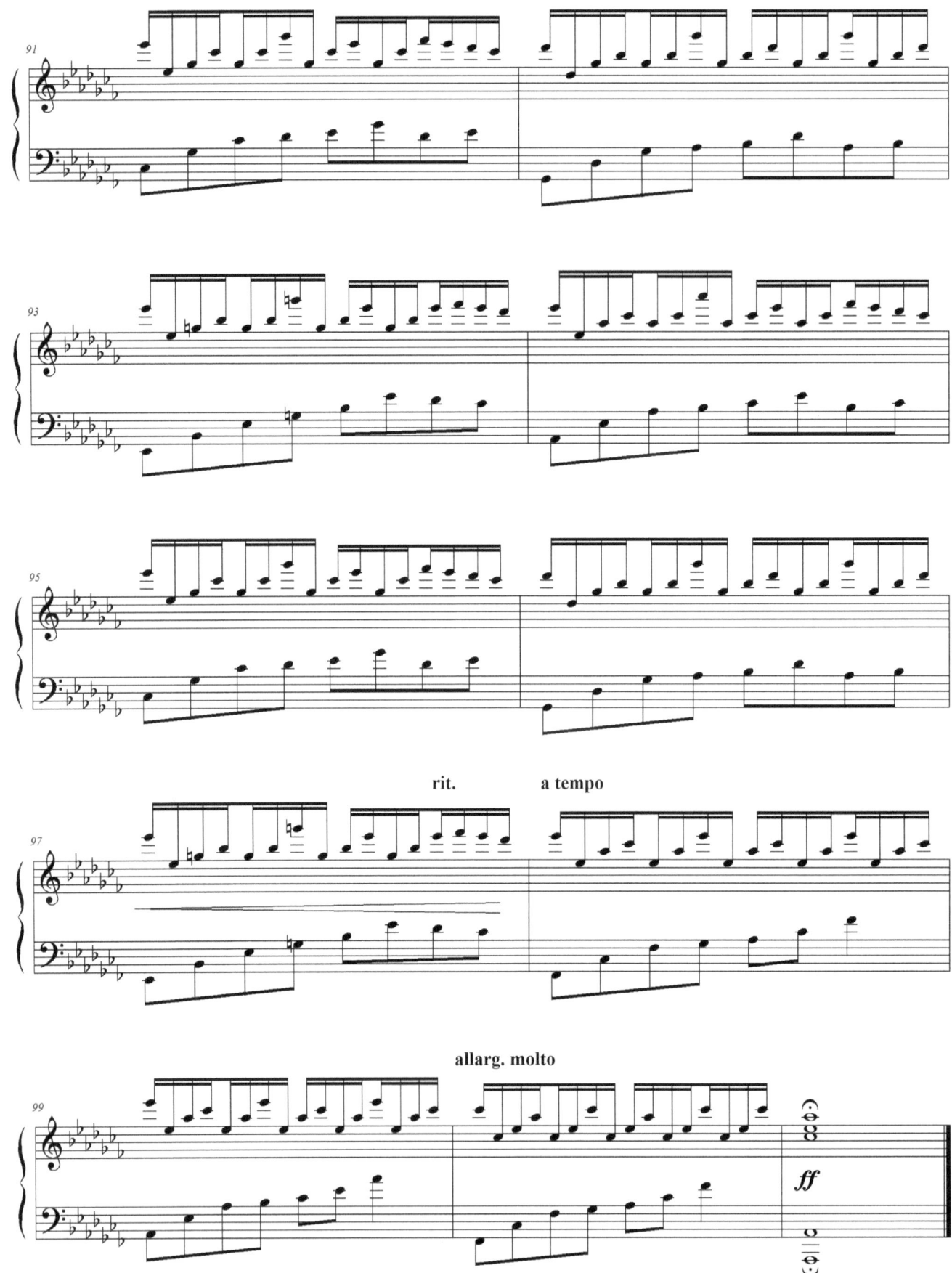

www.ingramcontent.com/pod-product-compliance
Lightning Source LLC
Chambersburg PA
CBHW042015150426
43196CB00003B/54